BEI GRIN MACHT SICH IHR WISSEN BEZAHLT

- Wir veröffentlichen Ihre Hausarbeit, Bachelor- und Masterarbeit

- Ihr eigenes eBook und Buch - weltweit in allen wichtigen Shops

- Verdienen Sie an jedem Verkauf

Jetzt bei www.GRIN.com hochladen und kostenlos publizieren

Bibliografische Information der Deutschen Nationalbibliothek:

Die Deutsche Bibliothek verzeichnet diese Publikation in der Deutschen National-
bibliografie; detaillierte bibliografische Daten sind im Internet über http://dnb.d-
nb.de/ abrufbar.

Impressum:

Copyright © 2015 GRIN Verlag, Open Publishing GmbH
Druck und Bindung: Books on Demand GmbH, Norderstedt Germany
ISBN: 978-3-668-06500-0

Dieses Buch bei GRIN:

http://www.grin.com/de/e-book/304651/die-auswirkungen-von-bewegung-und-
sport-auf-lernprozesse-und-leistungen

Lisa Maria Schmid

Die Auswirkungen von Bewegung und Sport auf Lernprozesse und Leistungen in der Schule

GRIN Verlag

GRIN - Your knowledge has value

Der GRIN Verlag publiziert seit 1998 wissenschaftliche Arbeiten von Studenten, Hochschullehrern und anderen Akademikern als eBook und gedrucktes Buch. Die Verlagswebsite www.grin.com ist die ideale Plattform zur Veröffentlichung von Hausarbeiten, Abschlussarbeiten, wissenschaftlichen Aufsätzen, Dissertationen und Fachbüchern.

Besuchen Sie uns im Internet:

http://www.grin.com/

http://www.facebook.com/grincom

http://www.twitter.com/grin_com

Vorwissenschaftliche Arbeit

Die Auswirkungen von Bewegung und Sport auf die Lernprozesse und Leistungen in der Schule

Vorwissenschaftliche Arbeit verfasst von:

Lisa Maria Schmid

8. Klasse

Februar 2015

Abstract

Seit der Steinzeit ist Bewegung ein Grundbedürfnis der Menschen, egal ob zur Nahrungsbeschaffung oder einfach nur aus reiner Freude an der körperlichen Betätigung. Dieses natürliche Bedürfnis veränderte sich im Laufe der Zeit eigentlich nicht, jedoch hat der Mensch mit der zunehmenden Modernisierung seines Lebensraumes selbst begonnen, es zu verdrängen und teilweise ganz in den Hintergrund zu rücken.

Kinder haben von klein auf an das Bedürfnis sich zu bewegen und mit anderen zu spielen. Durch unsere modernisierte Gesellschaft hat sich auch ihr Verhalten verändert. Das Leben unserer jungen Bevölkerungsschicht ist wie das eines erwachsenen Menschen in Teilbereiche gegliedert. Dadurch verlieren Kinder und Jugendliche immer mehr das Bedürfnis unbeschwert herumzutoben. Durch den Mangel an Bewegung kommt es immer häufiger schon im Volksschulalter zu Mangelerscheinungen der motorischen Grundeigenschaften. Diese fehlenden Kompetenzen führen in weiterer Folge zu einem deutlichen Leistungsnachlass in der Schule.

Dieser Leistungsabfall könnte vermieden werden, wenn man SchülerInnen schon im Kindergarten über die Wichtigkeit von Bewegung und Sport aufmerksam machen würde. Eine halbe Stunde Sport täglich durchblutet das Gehirn besser, versorgt es mit Sauerstoff, bildet neue Nervenzellen, regt die Bildung von Botenstoffen an und trägt allgemein zu einer Steigerung der zerebralen Leistungsfähigkeit, Lernfähigkeit und Konzentrationsfähigkeit bei.

Inhaltsverzeichnis

1 Einleitung

„Sport ist Voraussetzung für geistige Beweglichkeit.
Wenn du wissen willst, wie fit dein Gehirn ist, dann
fühle deine Beinmuskulatur. "

Johannes Holler

Das vorangestellte Zitat von Johannes Holler, einem bekannten Hirnforscher und Buchautor hat mich sehr beeindruckt und hat mich auch beeinflusst, mich näher mit der Frage zu beschäftigen, ob Sport die schulischen und geistigen Fähigkeiten von SchülerInnen beeinflussen kann. In weiterer Folge soll in meiner Arbeit dargelegt werden, welche Auswirkungen Sport und Bewegung auf die Lernprozesse und Leistungen von SchülerInnen haben. Meine Erkenntnisse stützen sich unter anderem auf Literaturstudien, aber auch auf empirische Studien[1], die meine Thesen unterstützen sollen.

Mit der Frage, was Kinder schlau und glücklich macht, haben sich zuletzt die beiden Autoren Prof. Dr. Michaela Axt-Gadermann und Prof. Dr. Peter Axt beschäftigt. In ihrem 2010 erschienen Ratgeber geben sie wertvolle Tipps und leicht verständliche Informationen über die erfolgreiche Erziehung eines Kindes. (Axt-Gadermann, Axt 2010) Dieses Nachschlagewerk war mir bei meinen Recherchen eine große Hilfe, weil es konkrete Vorschläge zur bestmöglichen Erziehung eines Kindes gibt.

Rita Stelli hat 2007 im Rahmen ihrer Diplomarbeit wichtige Begründungsversuche für den Ausbau schulischer Bewegungserziehung dargelegt. Dieses Buch schildert sehr anschaulich den positiven Aspekt der Bewegungsförderung in der Schule auf die Lernleistungen von Grundschülern und Schülern weiterführender Schulen. (Stelli 2007)

---

[1] Objektiv belegbare Ergebnisse die eine Theorie belegen oder widerlegen.

Ein Standardwerk zum Thema Gehirn und Bewegung ist nach wie vor das Buch von Dr. Carla Hannaford, in dem die neuesten Erkenntnisse der Gehirnforschung und die Bewegungsgrundlagen für das Lernen erläutert werden. In dieser Neuausgabe findet man elementare Kenntnisse über wesentliche Zusammenhänge zwischen Bewegung und Lernen und welche Rolle das Gehirn dabei übernimmt. (Hannaford 2004)

Im ersten Teil meiner Arbeit werde ich allgemein erläutern, welche Vorteile Sport und Bewegung auf die Entwicklung von Kindern und Jugendlichen hat. Darauf aufbauend möchte ich die Schulsituation in Österreich kritisch analysieren und hinterfragen. Ein Interview mit dem Landesschulinspektor für Sport& Bewegung in Niederösterreich soll einen weiteren kritischen Standpunkt aufzeigen. Durch Studien und Ergebnisse aus der Hirnforschung soll meine Arbeit die positiven Effekte von Bewegung und Sport auf Kinder und Jugendliche bestätigen. Zum Schluss möchte ich mit den Ergebnissen meiner Recherchen Empfehlungen für Schulen und das Lernen abgeben, gefolgt von einer persönlichen Stellungnahme.

2 Meine persönlichen Erfahrungen und Motivationen zum Thema Bewegung und Sport

Blicke ich auf mein bisheriges Leben zurück, so wird mir erst jetzt wirklich bewusst, dass Sport nicht immer eine derart zentrale Rolle in meinem Leben gespielt hat. Mit sechs Jahren bekam ich mein erstes eigenes Pony, jedoch wusste ich zu diesem Zeitpunkt dieses einmalige Geschenk nicht zu schätzen und betrieb den Reitsport zwar mit Freude, aber nicht der nötigen Motivation, mehr aus meinem Talent zu machen. Nachdem mein Pony aufgrund einer chronischen Erkrankung nicht mehr reitbar war, bekam ich ein Pferd, namens Shahiba, anfangs hatte ich meine Schwierigkeiten mit ihr, doch als mein Pony wegen seiner Schmerzen eingeschläfert werden musste, entschloss ich mich dazu, es doch noch einmal mit Shahiba zu probieren. Seitdem habe ich wieder die Lust am Reiten zurückgewonnen und nehme auch erfolgreich an Distanzturnieren teil. Meine Leidenschaft für den Reitsport ist mittlerweile so groß wie nie zuvor und mein größter

Traum ist es einmal, bei den Weltreiterspielen teilzunehmen. Ob sich dieser Traum einmal erfüllt, weiß ich nicht, jedoch weiß ich eines ganz genau: Das Reiten weckt in mir so viel Ehrgeiz, wie kein anderer Sport auf dieser Welt. Um meine persönliche Fitness für die Distanzrennen zu verbessern, gehe ich neben dem Reiten auch regelmäßig laufen und nehme auch hier bei Wettkämpfen teil. Jeder neue Pokal und jede Schleife auf meinem Regal, erinnert mich daran, was ich schon alles erreicht habe, und was ich noch erreichen möchte. Es gibt so vieles, was ich noch erreichen möchte, und was mir immer wieder neue Motivation gibt weiterzumachen, aber mein größter Ansporn ist der Sport, besonders der Reitsport; dieses Gefühl mit einem Pferd stundenlang durch die Natur zu reiten, gibt mir immer wieder den nötigen Energieschub, um auch in der Schule mein Bestes zu geben.

Ich habe dieses Thema gewählt, weil ich selbst gerne wissen möchte, ob und in welchem Ausmaß Bewegung und Sport die schulischen Leistungen positiv beeinflussen können. Mich interessiert dieser mögliche Zusammenhang aus persönlicher Erfahrung, denn seitdem ich aktiv Sport treibe, haben sich meine Noten deutlich verbessert und ich gehe mit größerer Motivation an schulische Projekte heran. Ich erhoffe mir von dieser Arbeit mehr über die Bedeutung von Bewegung bei Kindern und Jugendlichen im Allgemeinen zu erfahren.

Aber auch aktuelle Themen gaben mir genügend Anlass eine Arbeit über die Auswirkungen von Bewegung und Sport auf die Leistungen in der Schule zu schreiben. Durchblättert man kurz die Tageszeitungen in Österreich, so liest man überall Schlagzeilen über das „Desaster" der österreichischen SchülerInnen bei der Pisa-Studie einerseits, aber auch von einer immer dicker werdenden Bevölkerung und von Kindern mit Haltungsschäden andererseits. Deshalb ist es mir ein Anliegen in dieser Arbeit aufzuklären, ob sportlichere Kinder gegenüber Kindern, die sich wenig bis gar nicht bewegen, Vorteile beim Lernen haben.

3 Die Bedeutung von Sport für Kinder und Jugendliche (Im Grundschulalter beginnend bis hin zur Vollendung einer weiterführenden Schulstufe)

Sport ist für Kinder und Jugendliche der Schlüssel zu einem glücklichen Leben. Im Sport können sie sich austoben und Neues erleben. Auch der spielerische Aspekt, ein Tun, das ohne bewussten Zweck aus Freude an der Bewegung und dem Spiel ausgeübt wird, zählt zu den elementaren Erlebnissen in diesem Alter. Die Erfahrungen, die ein Mensch im Laufe seines Erwachsenwerdens durch Bewegung und Sport macht, sind essentiell und können eine Person bis ins hohe Alter prägen. [2]

Für Kinder und Jugendliche sollte Sport nicht etwas Erzwungenes sein, das man macht, um den Erwartungen der Eltern oder Lehrer zu entsprechen, sondern laut Scherer sollen Kinder im Sport Erfahrungen sammeln. Dadurch werden diese Erfahrungen zu ihren eigenen gemacht, um im nächsten Schritt verinnerlicht zu werden. Im letzten Schritt schaffen diese Erfahrungen Selbstentwürfe, die das Kind dazu veranlassen Neues auszuprobieren. Durch Erfahrungen lernt ein Kind seine Stärken kennen, aber auch das Kennenlernen seiner eigenen Schwächen kann dem Kind weiterhelfen, ein positives Selbstwertgefühl zu entwickeln. [3]

Die körperlichen Fähigkeiten sind besonders im Kindesalter für die Selbstwahrnehmung von großer Bedeutung, weil die Kinder durch ihre Bewegungserfahrungen eher Strategien zur Problemlösung entwickeln lernen als jene Kinder, die keine grundlegenden Erfahrungen mit Bewegung gemacht haben. Durch die in Bewegung und den Sport erfahrenen Erfolgserlebnisse werden die Kinder ermutigt weiterzumachen und ihre sportlichen Aktivitäten auszubauen. [4]

Diese Erfolgserlebnisse helfen dem Kind beim Sport ein positives Gefühl für seinen eigenen Körper zu entwickeln. Sport kann so das Selbstbild eines Heranwachsenden auf positive Weise verstärken und damit auch als Prävention für Depressionen und Selbstzweifel agieren. Vor allem in der Pubertät kann Bewegung und Sport viel Positives leisten, denn

---

[2] vgl. Stelli, 2007, S. 27
[3] vgl. Scherer, 2003, S. 69-82
[4] vgl. Axt-Gaderman, Axt, 2010, S.38

Pubertierende haben oft Probleme mit ihrem sich verändernden Körper einerseits und Selbstvertrauen andererseits und fühlen sich oft missverstanden und orientierungslos. Im Sport lernt man, seinen eigenen Körper zu spüren und Unsicherheit und Zweifel können in positivere Gedanken umgepolt und auch als sanfte Therapieform genutzt werden.[5]

Bewegungsentzug kann bei Kindern zu Einschränkungen in der Wahrnehmungsfähigkeit und zu Entwicklungsstörungen führen[6]. Kinder, die weniger als zweimal pro Woche Sport machen, schnitten im Gegensatz zu Kindern, die mindestens dreimal pro Woche Sport machen, schlechter bei Tests der aeroben Ausdauer[7], Schnellkraft, Kraftausdauer, Aktionsschnelligkeit und Beweglichkeit ab.

3.1 Die Bedeutung von Bewegung auf das Handeln eines Kindes im sozialen Umfeld

Für Kinder ist die Bewegung nach entwicklungstheoretischen Aussagen die „kindliche Auseinandersetzung mit der sozialen und materiellen Welt". [8]

Durch das Spielen in einer Gruppe wird den Kindern schon von klein auf ein Bewusstsein für Regeln und ihre Konsequenzen gelehrt, dadurch ist es für sie leichter sich einmal erfolgreich in der Erwachsenenwelt zurechtzufinden. Im Sport lernen Kinder und Jugendliche untereinander Akzeptanz zu zeigen, deshalb wird Sport auch oft zur Bewältigung von Aggressionen benutzt, weil man zum Beispiel im Mannschaftsport seine sozialen Kompetenzen einsetzen muss, um gemeinsam ein Ziel zu erreichen. Ist dieses Ziel geschafft, vermittelt das Erfolgserlebnis der ganzen Gruppe ein Zusammengehörigkeitsgefühl und das nötige Selbstvertrauen, um weitere, größere Herausforderungen zu bestreiten. In vielen Gefängnissen dürfen die Insassen Basketball oder andere

---

[5] vgl. Stelli, 2007, S.29 ff.
[6] vgl. Axt-Gadermann, Axt, 2010, S. 38
[7] Form des Ausdauersports, bei der der Körper die notwendige Energie zur Aufrechterhaltung der Belastungsintensität durch Sauerstoff bekommt
[8] Stelli, 2007, S. 51

Mannschaftssportarten spielen, um ihre Gewaltbereitschaft in den Griff zu bekommen. [9]

Heutzutage leben unsere Kinder in einer verinselten Lebenswelt. Das bedeutet, dass das spontane Handeln der Kinder erschwert wird und sie auf die Erwachsenen angewiesen sind, um von einer „Insel" zur nächsten zu gelangen. [10]

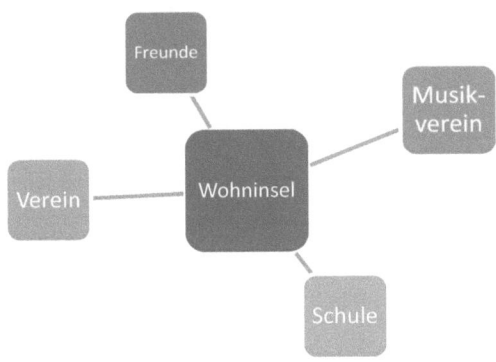

Abb. 1: Verinselung der Lebenswelt

Die Kinder gehen nach der Schule nicht mehr auf die Wiese oder den Spielplatz, wie es noch vor 20 Jahren der Fall war, heutzutage werden Kinder und Jugendliche von einer „Insel" zur nächsten gebracht. Angefangen von Klavierstunden im Musikverein bis hin zu Leistungssportarten im Leichtathletikzentrum, das ganze Leben dieser Kinder spielt sich auf „Inseln" ab, die keine Möglichkeit zur Selbstentfaltung bieten. Diese sogenannten „Inseln" gibt es vor allem in Ballungsräumen, wo Kindern die Möglichkeit sich frei zu bewegen verwehrt bleibt. Während sich Kinder und Jugendliche in der ländlichen Umgebung alleine mit dem Fahrrad bewegen können, ist das für Stadtkinder oftmals aufgrund des enormen Verkehrs undenkbar und viel zu gefährlich.

[9] Deutschland Heute- Das Deutschlandmagazin(2014): *Sport im Gefängnis.* Als Download: http://www.dw.de/sport-im-gef%C3%A4ngnis/av-17898298 [15. November 2014]
[10] vgl. Stelli 2007, S.10

„Zwischenräume [können] aufgrund der wachsenden Distanzen zwischen den Teilräumen nicht mehr erlebt werden, sondern [werden] durch technische Medien wie Telefon und Fernsehen zeitlos überbrückt. Spontanes Handeln [ist] in einem verinselten Lebensraum erschwert (…). [Das] Netzwerk von Terminen [wird] komplexer und der Tagesablauf [enthält] mehr feststehende Partialisierungen. Die Ausbildung stabiler sozialer Beziehungen [wird] erschwert, die Unverbindlichkeit der sozialen Bezüge gefördert" [11]

Aber auch die „Neuen Medien" tragen maßgeblich zur Bewegungsverarmung unserer Kinder bei. Der Fernseher dient heutzutage nicht alleine der schnellen Unterhaltung, sondern auch als Freundesersatz oder Babysitter. Schon von klein auf an werden Kinder von ihren Eltern vor den Fernseher gesetzt, anstatt mit Gleichaltrigen Verstecken zu spielen und herumzutoben. Somit verlernen Kinder sich selbst zu beschäftigen.[12]

3.2 Sportliche Institutionen, die Sport für Kinder und Jugendliche zugänglich machen

Die wichtigste sportliche Institution für Kinder ist die Schule. Im Schulsport können sich die Kinder und Jugendlichen mit Gleichaltrigen austoben und Erfolge haben, die sie dazu motivieren Sport auch in der Freizeit zu betreiben. Darüber hinaus ist jeder dazu verpflichtet am Turnunterricht in der Schule teilzunehmen. [13]

Aber nicht nur die Schule sollte für Kinder eine Anlaufstelle für Bewegung sein, sondern auch die lokalen Vereine. Vor allem im urbanen Bereich gibt es ein beinahe unerschöpfliches Angebot an Bewegungsmöglichkeiten für Kinder, angefangen vom Schwimmen im Babyalter bis hin zu fernöstlichen Kampfsportarten, für jeden ist etwas dabei. Leider fehlt den Kindern und Jugendlichen oft die Motivation einem solchen Verein beizutreten. Aber

---

[11] Nissen, 1998, S. 167
[12] vgl. Axt-Gaderman, Axt, 2010, S. 138 f.
[13] vgl. Stelli, 2007, S. 61 ff.

nicht nur die Antriebslosigkeit der Kinder ist schuld an der Bewegungsarmut, sondern auch die schlechte Vorbildfunktion der Eltern, denn viele Eltern müssen tagsüber arbeiten und sind am Abend zu müde, um selbst Sport zu treiben. Bis zum 10. Lebensalter nehmen die Eltern die größte Vorbildfunktion für ihre Kinder ein und das ist der Grund, weshalb viele Kinder mit keiner Sportart Bekanntschaft machen, weil ihre Eltern das auch nicht tun. Dabei wäre es wünschenswert, wenn die Familie zumindest zweimal pro Woche eine gemeinsame „Familiensportart" betreibt, um dem Kind die Wichtigkeit von Sport zu vermitteln.[14]

Vor allem Bewegungsmangel und Übergewicht haben einen erheblichen Anteil als Ursachen für die beinahe „epidemieartige Zunahme an chronischen Krankheiten", die heutzutage auch als Zivilisationskrankheiten bezeichnet werden. Während noch vor 30 Jahren der Anteil der übergewichtigen Bevölkerung in europäischen Ländern rund 10% betrug, hat sich der Anteil seither verdoppelt bis verdreifacht. Bereits im Kindesalter gibt es besorgniserregend viele Übergewichtige, wobei die Wahrscheinlichkeit, im Erwachsenenalter übergewichtig zu bleiben, sehr hoch ist.[15]

4 Die aktuelle Schulsituation in Österreich

An Österreichs Schulen herrscht ein akuter Bewegungsmangel. Die Kinder sitzen viele Stunden lang auf ihren Stühlen und sollen dem Unterricht folgen und auch in den Pausen bleibt lediglich Zeit, um kurz auf die Toilette zu gehen oder etwas zu trinken. Ausgedehntes Spielen oder Herumtoben kommen viel zu kurz, obwohl für Kinder die spielerische und bewegte Pause äußerst hilfreich wäre, um das Gehirn kurz zu entlasten und wieder Kraft zu tanken.

Nach der Pause geht der Unterricht wie gewohnt im Sitzen weiter. Dabei gäbe es zahlreiche Möglichkeiten etwas Bewegung in den Unterricht zu bringen[16]: Man könnte Diktate machen, bei denen sich die Kinder von

---

[14] vgl. Axt-Gadermann, Axt, 2010, S. 48-49
[15] vgl. Interview: Kapitel 5. Frage 2
[16] vgl. Clancy 2008, S. 43 ff.

einem Platz zum anderen begeben müssen oder man macht kleine Konzentrationsübungen oder kinesiologische Übungen während des Unterrichts.[17]

Die fehlende Bewegung im Unterricht hat aber nicht nur Auswirkungen auf die Konzentration, sondern auch auf die physische Verfassung von Kindern. In einer repräsentativ angelegten Studie finden Bös, Oper, Woll bei 40 bis 70 % aller befragten Grundschüler psychosomatische Störungen, die sich mit dem Alter immer weiter verschlimmern.[18]

Eine weitere Studie, die im Rahmen einer Dissertation mit den 11-bis 14jährigen Schülerinnen und Schülern Österreichs durchgeführt wurde, zeigt noch einmal wie sich die körperliche Leistungsfähigkeit der Kinder und Jugendlichen verschlechtert hat. Die Studie KLUG& FIT wurde im Rahmen einer Dissertation von Dr. Andreas Sandmayr 2002 veröffentlicht und am Institut für Sportwissenschaften an der Universität Salzburg ausgewertet, beschrieben und interpretiert.

Die Studie Klug&Fit des BMUK überprüfte die Leistungsfähigkeit in den Bereichen Kraft, Ausdauer, Schnelligkeit und Beweglichkeit bei den 11- bis 14jährigen Schülerinnen und Schülern (65.000 Kinder und Jugendliche) in Österreich. Die Studie hat ergeben, dass das körperliche Leistungsvermögen der Testpersonen im höchsten Maße besorgniserregend ist. Beeinträchtigt ist vor allem die Rumpfmuskelkraft, deren Fehlen dieser Kraft zu Haltungsschäden und Wirbelsäulenerkrankungen führen kann, auch die koordinativen Fähigkeiten (Gefahr der Beeinträchtigung der Alltagsmotorik bei Anforderungen an das motorische Gleichgewicht), die Reaktionsschnelligkeit und die motorische Grundlagenausdauer (Gefahr von Herz-Kreislauf-Erkrankungen) sind besorgniserregend schlecht. All diese Faktoren könnten durch mehr Sport im Kindesalter vermieden werden.[19]

---

[17] vgl. Clancy 2008, S. 34 ff.
[18] vgl. Stelli 2007, S. 35
[19] vgl. Dr. Andreas Sandmayr: *Besorgniserregende Situation des motorischen Leistungsniveaus der österreichischen Schülerinnen und Schüler* URL: http://www.vdloe.at/wien/infos/studien/Klugundfit_Kurzfassung.pdf [11.Oktober 2014]

4.1 Eine mögliche Lösung: „Bewegte Schule"?

Um dieser dramatischen Entwicklung entgegenzusteuern, wurde in Österreich die „Bewegte Schule" 2010 erstmals als ein Versuchsprojekt in Oberösterreich gestartet. Analoge Beispiele gibt es auch in den Bundesländern Niederösterreich, Tirol und der Steiermark. Oberösterreich probierte dieses Modell erstmals an 16 Pilotschulen (13 HS, 3 AHS) aus mit dem Ziel den Schulraum gleichzeitig in einen Bewegungsraum zu verwandeln. Ursprünglich geht die „Bewegte Schule" auf den Schweizer Urs Illi zurück, der 1980 mehr Bewegung in den Unterricht bringen wollte. Es gibt drei wichtige Begründungsmuster für die Bewegte Schule[20]:

1. *„Entwicklungs- und lerntheoretische Begründungsmuster:*

   Man geht grundsätzlich davon aus, dass Bewegung ein Grundbedürfnis des Menschen ist, deshalb ist es sehr widersprüchlich, wenn man den Unterricht ohne Bewegung gestaltet.

2. *Medizinisch-gesundheitswissenschaftliche Begründungsmuster:*

   Ein wichtiger Gedanke der Bewegten Schule will die typischen Zivilisationskrankheiten wie Fettleibigkeit und etwaige Schmerzen der Extremitäten vermeiden und die motorischen Fähigkeiten der Schülerinnen und Schüler steigern.

3. *Schulprogrammatische Begründungsmuster:*

   Viele Pädagogen sind der Meinung, dass die Schule nicht nur ein Ort des Lernens sein sollte, sondern auch ein Ort des Sammelns von Erfahrungen."[21]

„Die Bewegte Schule entstand im Wesentlichen aus der Kritik an den starren Strukturen der Schule".[22]

---

[20] vgl. Stelli 2007, S. 72 ff.
[21] Thiel, Teubert, Kleindienst (2002) S. 329-334
[22] vgl. David Eichinger: *Idee*
URL: http://bewegteschule.at/praxis/portale/bewegte-schule/das-konzept/idee.html
[19. Juli 2014]

Unter dem Begriff „Bewegte Schule" stellt man sich automatisch eine Schule vor, die viel Bewegung und Sport anbietet, jedoch birgt das Konzept der Bewegten Schule noch viele weitere Aspekte, die diese Form des Lernens einzigartig machen.

Bei diesem Modell wird der Unterricht nicht nach starren Lehrplänen und 50 Minuten Einheiten geführt, sondern an die Bedürfnisse von SchülerInnen und LehrerInnen angepasst. Die Pausen werden nicht im Sitzen verbracht, sondern mit Übungen zur Konzentrations- und Koordinationsförderung ausgefüllt.

4.2 Initiativen in Österreich

Auch in Österreich wird der Ruf nach einer „Bewegten Schule" immer lauter, deshalb gehen einige Bundesländer mit gutem Beispiel voran und starten eigene Initiativen um der Sitzschule entgegenzuwirken. [23]

4.2.1 Projekt „Bewegte Klasse" in Niederösterreich

Das Bundesland Niederösterreich hat das Langzeitprogramm „Bewegte Klasse" im Rahmen der Initiative „Tut gut" gestartet. [24]

Das Leitbild dieser Initiative: "Gesundheitsbewusste Kinder von heute - zufriedene Menschen von morgen"

Die "Bewegte Klasse" ist ein Langzeitprogramm der Initiative »Tut gut!«

Das Projekt setzt Impulse für einen prozessorientierten Unterricht, fächerübergreifende Ansätze sowie die Teamentwicklung in der Schule. Darüber hinaus sollen die SchülerInnen ein Bewusstsein und eine Selbstverantwortung für ihre Gesundheit bilden und somit ein ausgewogenes Verhalten zu ihrem Körper und Verhalten entwickeln.

Nachdem das Projekt „Bewegte Klasse" erstmals zwei Jahre lang getestet wurde, startete das Projekt „Bewegte Klasse NEU" im Schuljahr 2012/13.

Das Programm der "Bewegten Klasse NEU" beinhaltet:

---

[23] vgl. BgA "Gesundes Niederösterreich", NÖ Gesundheits- und Sozialfonds
URL: http://www.noetutgut.at/
[15. November 2014]
[24] ebenda BgA "Gesundes Niederösterreich", NÖ Gesundheits- und Sozialfonds

- „2-jährige Begleitung durch den Bewegte Klasse Betreuer (10 Unterrichtseinheiten/Schuljahr)

- 4 Nachmittags-Lehrerfortbildungen zu folgenden Themen

- Aktives Lernen

- Bewegung und Sport

- Ernährung und Pause

- Körpererfahrung und Tanz

- 1 Elternabend pro Schuljahr"[25]

4.2.2 Projekt „Kinder gesund bewegen"

Eine neue Initiative des Sportministeriums in Österreich hat das Projekt „Kinder gesund bewegen" ins Leben gerufen. Ziel dieser Initiative ist es einen wichtigen Beitrag zur Persönlichkeitsentfaltung von Kindern durch Bewegung, Spiel und Sport zu leisten. Das Projekt will mehr Bewegung in die landesweiten Kindergärten und Volksschulen bringen.

Zielgruppe dieses Projekts sind einerseits die Kinder selbst, aber auch jene Personen, die maßgeblichen Einfluss auf das Bewegungsverhalten der Kinder haben, wie Pädagoginnen, Eltern und Erziehungsberechtigte.[26]

Ob ExpertInnen aus Fachgebieten wie Erziehungswissenschaft oder Psychologie, Pädagoginnen oder Erziehungsberechtigte/r, alle sind sich einig, dass Bewegung und Sport einen positiven Aspekt auf die nachhaltige Entwicklung der Kinder hat.

Einige persönliche Meinungen zu dem Projekt „Kinder gesund bewegen":

"Bei Bewegung, Sport und Spiel profitieren meine Kinder in allen Bereichen. Das Wichtigste ist mir, dass sie dabei Spaß haben."

(Kindergartenpädagogin aus Niederösterreich)

---

[25] ebenda BgA "Gesundes Niederösterreich", NÖ Gesundheits- und Sozialfonds
[26] vgl. Philipp Reiffenstein: *Kinder gesund bewegen*
URL: http://www.kindergesundbewegen.at/main.asp?kat1=10&kat2=530&kat3=361
[10.November 2014]

"Kinder bewegen sich (noch) sehr gerne. Ich möchte sie mit meinem Unterricht darin unterstützten und fördern, damit sie auch später gerne Bewegung machen."

(Volksschullehrer aus Wien)

"Bei Sport, Spiel und Bewegung verbessern Kinder nicht nur ihre körperliche Fähigkeiten, sondern auch ihr Selbstvertrauen und ihre Sozialkompetenz. Daher sind wir alle gefordert, ein bewegungsfreundliches Umfeld für Kinder zu schaffen."

(ehrenamtlicher Übungsleiter)[27]

4.2.3 „Tägliche Turnstunde" an österreichischen Schulen

Ein weitaus umstritteneres Thema in Österreich ist die „Tägliche Turnstunde".

Die Österreichische Bundes-Sportorganisation, die Dachorganisation und Interessenvertretung des österreichischen Sports, fordert die „Tägliche Turnstunde" beginnend vom Kindergarten bis hin zu allen weiterführenden Schulen.[28]

Eine Kampagne für die tägliche Turnstunde begann am 7. September 2012 und erhielt von Sportverbänden, wichtigen Persönlichkeiten aller Berufsschichten Zuspruch. Bis heute haben 150.844 Menschen für die tägliche Turnstunde unterschrieben. Auch seitens der Politik erhielt die tägliche Turnstunde positive Rückmeldung. Die tägliche Turnstunde wäre nicht nur positiv für die Kinder, sondern hätte auch einen enormen Nutzen für die Wirtschaft: Laut aktueller Studien würde die „Einführung der täglichen Turnstunde der Bruttowertschöpfung Österreichs 1,1 Mrd. Euro pro Jahr und 26.000 Arbeitsplätze bringen."[29]

---

[27] ebenda Philipp Reiffenstein: *Kinder gesund bewegen*
[28] vgl. BSO: Unterschriftenaktion „Tägliche Turnstunde"
URL: http://www.bso.or.at/de/schwerpunkte/soziales-und-gesellschaftspolitik/unterschriftenaktion-taegliche-turnstunde/
[17. Oktober 2014]

[29] siehe Kapitel 5 Frage 3

Um die tägliche Turnstunde gesetzlich zu verankern, wurde eine gemeinsame Arbeitsgruppe zwischen BMUKK[30] und der BSO[31] vereinbart.

Die ehemalige Unterrichtsministerin Schmied kündigte noch in ihrer Amtszeit an, dass die tägliche Turnstunde für Ganztagsschulen verpflichtend wird und dass auch an Hauptschulen und den Neuen Mittelschulen (NMS) die Anzahl der Turnstunden in den vier Jahren auf insgesamt 13 Turnstunden erhöht werden soll. [32]

Bildungsministerin Gabriele Heinisch-Hosek hat seit November 2014 beschlossen, dass die tägliche Turnstunde an österreichischen Ganztagsschulen ab 2016 geplant ist. Somit betrifft dieser Gesetzesbeschluss nur einen Teil der österreichischen SchülerInnen. Zurzeit steht die Einführung einer täglichen Turnstunde in allen Schultypen nicht zu Debatte.[33]

5 Interview mit dem Fachinspektor für Bewegungs- erziehung und Sport in Niederösterreich

Über die Homepage des „Landesschulsport Niederösterreich" habe ich den Kontakt zum Landesschulinspektor aufgenommen und ihn um seine Meinung gebeten. Freundlicherweise hat er mir auch sofort seine Ideen, zu einem von mir ausgearbeiteten Fragebogen, schriftlich zukommen lassen.

1. Würden Sie mir bitte kurz ein persönliches Statement zu diesem Thema geben?

„In den letzten Jahrzehnten haben sich die Lebens- und Bewegungswelt und damit die Bewegungssozialisation von Kindern und Jugendlichen erheblich verändert. Viele Errungenschaften der modernen Gesellschaft

---

[30]Bundesministerium für Kunst und Kultur
[31]Bundes- Sportorganisation
[32] vgl. Salzburger Nachrichten *„Tägliche Turnstunde an Ganztagsschulen fix"*
URL: http://www.salzburg.com/nachrichten/oesterreich/politik/sn/artikel/taegliche-turnstunde-an-ganztagsschulen-fix-56326/
[26. Oktober 2014]
[33] vgl. Standard *„Gesetzesnovelle bringt tägliche Turnstunde an Ganztagsschulen"*
URL: http://derstandard.at/2000007686068/Gesetzesnovelle-bringt-taegliche-Turnstunde-an-Ganztagsschule
[9.Jänner 2014]

haben gravierende Auswirkungen auf die Entwicklung unserer Kinder. Als Folgen werden vor allem Bewegungsarmut, die Zunahme zivilisationsbedingter Krankheitsbilder, Wahrnehmungsstörungen, eingeschränkte motorische Leistungsfähigkeit und Auffälligkeiten in der Persönlichkeitsentwicklung festgestellt.

Des Weiteren hat in den letzten Jahren die Forschung klar belegt, dass Bewegung und sportliche Aktivität einen positiven Einfluss auf die physische, psychische und soziale Gesundheit von Menschen aller Altersstufen haben (z.B. Bereich des Herz-Kreislaufsystems, des Bewegungsapparates und der Stoffwechselvorgänge; psychischen Belastungen). Darüber hinaus fördert Bewegung auch ganz maßgeblich das schulische Lernen, die Lernfähigkeit und die Lernbereitschaft von Kindern und Jugendlichen.

Nur ein Fünftel der österreichischen Schüler/innen erreicht derzeit den international empfohlenen Bewegungsumfang von täglich 60 Minuten körperlicher Betätigung. Daher ist die Förderung regelmäßiger Bewegung volksgesundheitlich essentiell.

Schule hat auf diesen Umstand zu reagieren, für Kinder und Jugendliche eine attraktive und gesunde Lebenswelt zu schaffen und Kinder zu gesunden Lebensgewohnheiten und einem aktiven Lebensstil zu führen.

Die Gruppe der Fach-Schulaufsicht weist daher ausdrücklich darauf hin, dass dem Unterrichtsgegenstand „Bewegung und Sport" gerade in der Grundschule (und ebenso in der Sekundarstufe I) eine zentrale Bedeutung und Funktion zukommt. Auch im aktuellen Regierungsprogramm wird festgehalten, dass in der Grundschule zukünftig ein besonderer Schwerpunkt auf der verstärkten Vermittlung von Grundkompetenzen (kognitiv, affektiv, psychomotorisch) zu legen und ein Stufenplan zur Realisierung der „täglichen Bewegungseinheit" umzusetzen ist." [34]

---

[34] siehe Kapitel 4.2.1

2. Warum wird gerade jetzt die Forderung nach einer täglichen Turnstunde laut?

„Bewegungsmangel und Übergewicht haben einen substanziellen Anteil als Ursachen an der epidemieartigen Zunahme chronischer Krankheiten, wobei sich die Problematik der zunehmenden körperlichen Inaktivität und der Gewichtszunahme in jüngerer Zeit entwickelt hat. Vor 1980 betrug z.B. der Anteil der übergewichtigen Menschen in europäischen Ländern rund 10%, seither hat er sich verdoppelt bis verdreifacht. Bereits unter den Kindern entwickelt sich der Anteil mit Übergewicht besorgniserregend, wobei die Wahrscheinlichkeit, im Erwachsenenalter übergewichtig zu bleiben sehr hoch ist.“

3. Was könnte diese Turnstunde Ihrer Meinung nach verändern?

„Eine Intervention wie die „Tägliche Turnstunde“ an Schulen und Kindergärten kann diesen Trend wirksam abmildern, wie zahlreiche Studien zu Bewegungsmangel und Übergewicht inzwischen belegen. Schulen und Kindergärten zeichnen sich durch die große Breitenwirkung von Maßnahmen aus und setzen in einem Lebensalter ein, das gerade für körperliche Aktivität und Fitness im Erwachsenenleben prägend ist.

Die gesundheitsökonomischen Effekte von Bewegungsförderung in der Kindheit und Jugend addieren sich aus den direkten Einsparungen im Gesundheitssystem aufgrund vermiedener Folgeerkrankungen des Bewegungsmangels und aus der Reduktion der volkswirtschaftlichen Kosten, die aufgrund von Krankenständen und Frühpensionierungen entstehen. Diese Effekte verstärken sich vor allem in einer langfristigen Betrachtung über die Lebensspanne der heutigen Kinder und Jugendlichen, denn die Folgeerkrankungen von Bewegungsmangel treten erst deutlich später auf.

Die Wahrscheinlichkeit chronischer Krankheiten im späteren Leben steigt für Menschen mit Bewegungsmangel und/oder Übergewicht in einem starken Ausmaß.

Laut Gesundheitsbefragung 2006/2007 der Statistik Austria sind etwa 75% der Menschen mit Diabetes, Bluthochdruck oder Herzinfarkt übergewichtig. Schätzungsweise rund 2 Mrd. Euro bzw. 7,4% der gesamten Gesundheitskosten in Österreich im Jahr 2010 gehen auf

Bewegungsmangel und Übergewicht zurück. Hinzu kommen rund 2,8 Mrd. Euro, die aus den volkswirtschaftlichen Kosten entgangener Produktivität aufgrund vermehrter Krankenstände und Frühpensionierungen sowie zusätzlicher Pensionszahlungen entstehen.[35]

Die „Tägliche Turnstunde" würde die durchschnittliche Bewegungszeit der Kinder pro Tag gegenüber den bestehenden Stundenplänen um ca. 17 bis 26 Minuten erhöhen, wenn man davon ausgeht, dass die bestehenden durchschnittlichen 2 bis 3 Wochenstunden auf 5 Wochenstunden angehoben werden.
Insgesamt gesehen stellt ein tägliches Bewegungsprogramm an Schulen und Kindergärten eine in internationalen Studien getestete und als wirksam eingestufte Intervention dar, die einen breitangelegten Trend zu Bewegungsmangel und Übergewicht abmildern und die daraus entstehenden Folgekosten für das Gesundheitswesen und die Wirtschaft entsprechend reduzieren kann. Unter der Annahme, dass der in den letzten Jahrzehnten beobachtbare Trend sich fortsetzen würde, belaufen sich die langfristigen Einsparungen auf rund 500 bis 650 Mio. Euro.
„Es ist wichtig, sich vor Augen zu halten, welche ökonomischen Vorteile mit körperlicher Betätigung einhergehen. Die Kosten treten kurzfristig auf, die Erträge langfristig. Kurzfristig wird man einen 3-stelligen Millionenbetrag in die Hand nehmen müssen, um die tägliche Turnstunde zu realisieren. Damit geht allerdings eine wirtschaftliche Steigerung von 280 Millionen Euro pro Jahr einher. Kurzfristig würden durch die tägliche Turnstunde 6.500 Arbeitsplätze geschaffen werden. Langfristig wäre eine Wertschöpfung von 1,1 Milliarden Euro pro Jahr und 26.000 Arbeitsplätze zu erwarten. "

4. Glauben Sie, dass sich dieses Modell durchsetzen kann?
„Eine flächendeckende Durchsetzung der „Täglichen Turnstunde" halte ich neben den Personalkosten, die dieses Modell verursachen würde vor allem wegen zu wenig vorhandener Sportstätten in den Ballungsräumen für nicht wirklich realisierbar. "

---

[35] siehe Kapitel 4.2.3

5. Sind tägliche Turnstunden in einer normalen Schule umsetzbar oder betreffen diese Maßnahmen nur Ganztagsschulen?

„Im ländlichen Bereich eher als im städtischen (siehe Pkt. 4)

Mit schulinternen Strukturveränderungen (z.B. keine starren 50 min Einheiten) bzw. mit dem Ausnützen schulstandortspezifischer Ressourcen im Bereich Bewegung, Sport und Gesundheit die "TÄGLICHE VERPFLICHTENDE" Bewegungszeiteinheit einbauen!

Es gibt einige wenige Schulen, die durch schulautonome Verschiebungen in der Stundentafel die „Tägliche Turnstunde" teilweise realisiert haben." [36]

6. Was wären Ihre Empfehlungen um die Sportlichkeit der österreichischen Kinder zu fördern bzw. zu steigern?

„Bewegung und Sport in der Familie „vorleben". Vor allem in der VS-LehrerInnen Ausbildung dem Bereich Bewegung und Sport einen höheren Stellenwert (mehr ECTS!)[37] einräumen und verpflichtende LehrerInnen Fortbildung im Bereich Bewegung und Sport einführen, die die Kooperation zwischen Schule, den Vereinen und den Verbänden verbessern und den Konsum digitaler Medien in der Schule und zu Hause wesentlich verringern!!!"

---

[36] siehe Kapitel 6.2.1
[37] ECTS ist die Abkürzung für European Credit Transfer System. ETCS geben den benötigten Arbeitsaufwand an, um eine Lehrveranstaltung zu absolvieren

6 Ergebnisse aus der Hirnforschung

6.1 Kurze Einführung in den Aufbau des menschlichen Gehirns

Unser Gehirn ist in drei große Bereiche gegliedert: Das Hinterhirn (Nachhirn oder Stammhirn), das Mittelhirn und das Vorderhirn (Großhirnrinde oder Cortex cerebri). Das Kleinhirn (Cerebellum) ist zuständig für die Steuerung der motorischen Vorgänge. [38]

Das Cerebrum (Großhirn) ist in zwei Hemisphären (Gehirnhälften) unterteilt und ist der größte Teil des menschlichen Gehirns. Die Großhirnrinde (Neokortex) ist für das Denken und die Lernfähigkeit zuständig und Sitz des Bewusstseins. Der Neokortex besteht wiederum aus vier Großhirnlappen[39]: Schläfenlappen (Temporallappen), der für das Sehen und Hören zuständig ist, Stirnlappen (Frontallappen), der mithilft Sinneswahrnehmungen zeitlich und räumlich zu strukturieren und Probleme zu lösen, Scheitellappen (Parietallappen), der sich mit der Selbstwarnehmung und Eigenidentität beschäftigt und dem Hinterhauptslappen (Okzipitallappen), der für das Verarbeiten von visuellen Eindrücken zuständig ist. Weitere Strukturen des Gehirns umfassen den Thalamus, der die einlaufenden Sinneserregungen filtert und übersetzt und mit der Großhirnrinde besonders stark verbunden ist, den Hypothalamus, der das Hormonsystem steuert sowie für die vegetativen Körperfunktionen zuständig ist, den Mandelkern (Amygdala), der für die rasche Verarbeitung von Emotionen zuständig ist, die Hirnanhangdrüse, die die Funktionen der endokrinen Drüse steuert, die Großhirnrinde(Cortex cerebri), die unteranderem für die Wahrnehmung und das Denken eine wichtige Rolle spielt und den Hippocampus (Seepferdchen), der für das episodische Gedächtnis zuständig ist. Das Gehirn selbst ist kein Datenspeicher, sondern ein Datengenerator, deshalb müssen die neuronalen Netze, die wir im Laufe unseres Lebens bilden, durch häufiges Üben und Wiederholen gefestigt werden. [40]

Schon im Fötus- Stadium beginnen die Neuronen Signale auszusenden. Kurz nach der Geburt steigt die Zahl der Synapsenverbindungen

---

[38] vgl. Clancy 2008, S. 9-20
[39] vgl. Hannaford 2008, S. 95
[40] vgl. Lahmer 2012, S.38-42

(Bindungen von Nervenknotenpunkten) rasant an, jedoch werden diese Bindungen auch wieder abgebaut, dieses Rückgängigmachen wird auch Synaptic Pruning genannt. Die Synaptogenese (Aufbau der Synapsenverbindungen) dauert eine gewisse Zeit. Im Kindesalter werden der Umwelt entsprechend mehr neuronale Verbindungen produziert und verdichtet oder nicht; wächst ein Kind in einer reizarmen Umgebung auf, so werden weniger Verbindungen gebildet. Ab einem Alter von 10 Jahren bilden sich die ungenutzten Verbindungen wieder zurück, die beanspruchten neuronalen Netzwerke werden jedoch verstärkt. Erfolgt dies gezielt, so lernt das Gehirn. Diese Verbindungen werden unser gesamtes Leben lang aufgebaut und wieder abgebaut, je nachdem wie stark wir unser Gehirn beanspruchen. [41]

6.2 Studien, die sich mit der Thematik „Bewegung und Gehirn auseinandersetzen"

6.2.1 Studie „BrainMove – bewege dich schlau"

Die Studie „BrainMove-bewege dich schlau" wurde von Herrn Dr. Schwarz, der selbst Sportpädagoge ist im Zuge einer empirischen Untersuchung am Bundesgymnasium Zehnergasse in Wiener Neustadt durchgeführt. Herr Schwarz, der gleichzeitig auch Direktor dieser Schule ist, hat das Übungsprogramm „BrainMove-bewege dich schlau" selbst entwickelt und über einen Zeitraum von sechs Wochen getestet.

Das Ziel dieser Studie ist es zu überprüfen ob man innerhalb der sechs Wochen eine langfristige Leistungssteigerung sowohl bei der Fitness als auch bei der geistigen Intelligenz der ProbandInnen feststellen kann.

Die Studie wurde hypothesenprüfend aufgebaut, d.h. man hat den langfristigen Effekt auf die Leistungssteigerung überprüft sowie den kurzfristigen Effekt.

Der Testzeitraum betrug sechs Wochen. Dabei wurde das Programm „BrainMove" in den regulären Schulunterricht integriert. „BrainMove" wurde im Klassenverband des Bundesrealgymnasium Zehnergasse am 19.09.2011 begonnen und mit dem 14. 11.2011 beendet. [42]

---

[41] vgl.Axt, Gaderman,Axt, 2010, S.46-49
[42] vgl. Reutterer, APA, „Studie verdeutlicht positive Wirkung von Bewegung und Sport"

- Übungsprogramm:

  Die Intervention ist in drei Phasen gegliedert und an die klassische Turnstunde angelehnt.

1. Aktivierungsteil „BrainMove-Aerobix"

2. Hauptteil „BrainMove-Koordix"

3. Überleitungsteil „BrainMove-Relaxix"

„Trainingswissenschaftliche Kennziffern der Intervention:

Interventionseinheit Belastungsumfang 6–9 Minuten, davon

- *Aktivierungsteil: 1–3 Minuten, Bewegungsaufgaben*

- *Hauptteil: 5–7 Minuten, Bewegungsangweisungen, organisiert in Übungsstationen jeweils mit 7 bis 25 Übungswiederholungen*

- *Überleitungsteil: 1–3 Minuten, Entspannungs- und Bewegungsaufgaben*

Interventionshäufigkeit Projekt „BrainMove":

3mal pro Woche, jeweils am Montag, Mittwoch und Freitag

Verankert im Schulprogramm: 2- bis 5mal pro Woche, idealtypisch jeweils am Montag, Mittwoch und Freitag"

- Stichprobe:

Die Stichprobe wurde an zwölf Unterstufenklassen des Bundesrealgymnasiums Zehnergasse Wiener Neustadt durchgeführt.

„Für die Prüfung der Hypothese, dass ein kurzzeitiger Effekt durch „BrainMove" erzielt wird, wurden vier Klassen und für die Prüfung eines langfristigen Effektes acht Klassen herangezogen. Bei der Auswahl der Klassen des langfristigen Effektes wurde berücksichtigt, dass eine Experimental- und Vergleichsgruppe zu je vier Klassen gebildet werden konnte, wobei sich in jeder Gruppe je zwei Sportklassen und je zwei Regelklassen (AHS) befinden. Näher wird die Klumpenstichprobe für die Intervention lang beschrieben: In dieser Schule werden drei Schulformen geführt: SRG – Realgymnasium unter besonderer Berücksichtigung der sportlichen Ausbildung (geänderte Stundentafel mit 7/7/7/8 Regelwochenstunden Sport und zusätzlichen Unverbindlichen Übungen), WRG –

URL: http://www.ots.at/presseaussendung/OTS_20120202_OTS0163/studie-verdeutlicht-positive-wirkung-von-bewegung-und-sport
[16.Jänner.2015]

Wirtschaftskundliches Realgymnasium mit Regellehrplan (4/4/3/3 Wochenstunden Bewegung und Sport in der Stundentafel) und ein Gymnasium unter besonderer Berücksichtigung der Sprachkompetenz, aus der jedoch keine Stichprobe gezogen wird.[43]

	Interventionsklassen lang	Vergleichsklassen lang
Sport	SRG 2a 4a	SRG 2b 4b
Kein Sport	AHS 2d 4d	AHS 2e 4e

	Interventionsklassen kurz	Interventionsklassen kurz
	2c 4d	2f 4f

Abb. 2: Tabelle Stichprobe

- Ergebnispräsentation:

Ziel dieses Projekts ist es zu klären ob das Bewegungsprogramm „Brainmove" einen langfristigen Effekt auf die Aufmerksamkeit, die Konzentration und die Leistung der Kinder in der Schule hat.[44]

Die Ergebnisse der Studie zeigen, dass sich Bewegung und Sport in positiver Weise auf die geistige Leistungsfähigkeit der SchülerInnen auswirken. Mithilfe der „Brainmove" Einheiten konnte die Aufmerksamkeit, das Lernen und das Speichern des Gelernten positiv beeinflusst werden. Sport.Land.Niederösterreich ergreift aufgrund dieser Studienergebnisse weitere Maßnahmen zum Ausbau von Bewegung und Sport im schulischen Bereich zu fördern. Ziel von Sport. Land. Niederösterreich ist es tägliche Bewegungseinheiten in den Unterricht einzubauen um Kinder sowohl körperlich als auch geistig fitter zu machen.[45]

---

[43] Beer/Nikl/Schwarz, Studie „BrainMove-bewege dich schlau"
URL: https://www.uniqa.at/uniqaat/cms/mediacms/media/files/at/Studie_BrainMove.pdf
[16.Jänner.2015]
[44] ebenda Beer/Nikl/Schwarz, Studie „BrainMove-bewege dich schlau"
[45] vgl. Reutterer, APA, „Studie verdeutlicht positive Wirkung von Bewegung und Sport"
URL: http://www.ots.at/presseaussendung/OTS_20120202_OTS0163/studie-verdeutlicht-positive-wirkung-von-bewegung-und-sport
[16.Jänner.2015]

6.2.2 „Trois-Rivière-Studie"

Im Jahr 1997 führte Shepard in der kanadischen Provinz Québec die „Trois-Rivière-Studie" an 546 Schülern durch, um herauszufinden, ob 5 zusätzliche Turnstunden pro Woche einen Einfluss auf die akademischen Leistungen von PrimarschülernInnen der 1. bis 6. Klasse haben. Er verglich Versuchsgruppe mit der selben Anzahl von SchülerInnen einer anderen Schule, die jedoch keine zusätzlichen Turnstunden ausführten. Bei der Versuchsgruppe wurden die Turnstunden statt der regulären Stunden (Französisch, Mathematik, Naturwissenschaften, Kunst und Religion) eingeführt. Die Kontrollgruppe hatte zwar weniger Turnstunden dafür 14% mehr Zeit für den akademischen Unterricht.[46]

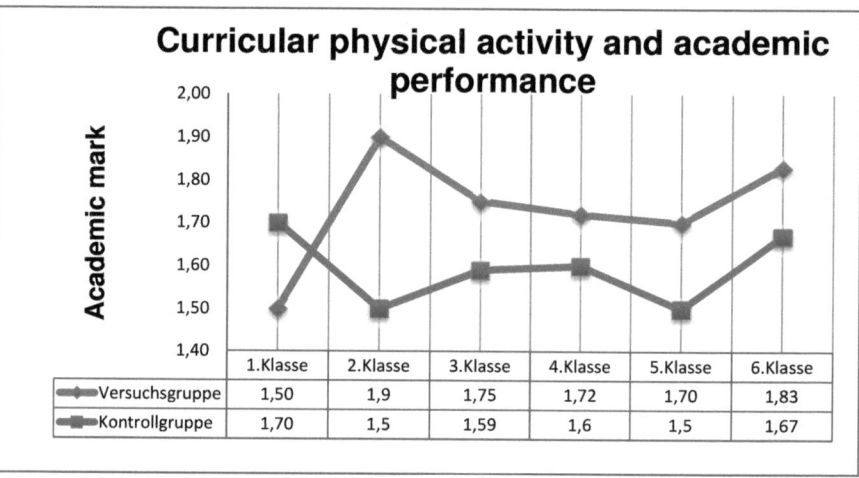

Curricular physical activity and academic performance

	1.Klasse	2.Klasse	3.Klasse	4.Klasse	5.Klasse	6.Klasse
Versuchsgruppe	1,50	1,9	1,75	1,72	1,70	1,83
Kontrollgruppe	1,70	1,5	1,59	1,6	1,5	1,67

Abb. 3: Körperliche Aktivität in der Schule im Zusammenhang mit der akademischen Leistung (Shepard, 1997)

Obwohl die SchülerInnen der Versuchsgruppe in den Fächern Französisch, Mathematik, Naturwissenschaften, Kunst und Religion um 14% weniger Stunden hatten, erzielten sie entweder eine bessere oder eine gleichbleibende Leistung in den oben genannten Fächern. Diese Studie wird somit international als anerkannte und kontrollierte Studie angesehen,

---

[46] vgl. Active Life, „Die Shepard-Studie"
URL: http://www.active-life.at/index.php/active-learning/infos
[24.Jänner.2015]

die den positiven Einfluss von Bewegung auf die schulischen Leistungen bestätigt.[47]

Daraus lässt sich wiederum schließen, dass in regelmäßige körperliche Bewegung investierte Lektionen keine verlorene Zeit darstellen, sondern im Gegenteil, lernförderlich wirken.

6.3 Wie Bewegung die Leistungen des Gehirns beeinflusst

Der schwedische Forscher Thomas Björk-Eriksson konnte nachweisen, dass sich im Gehirn bis ins hohe Alter täglich neue neuronale Stammzellen bilden. Bei seinen Versuchen untersuchte er das Gehirn von Krebspatienten, die aber schon verstorben waren. Diese Patienten bekamen während ihrer Krankheit radioaktiv markierte DNA-Bausteine injiziert, um das Voranschreiten des Tumorwachstums verfolgen zu können. Eriksson fand in den Gehirnen markierte Neuronen, was wiederum belegte, dass Hirnzellen ein Leben lang neu gebildet werden. [48]

Aufgrund dieser Erkenntnis wurden weitere Untersuchungen in diesem Bereich durchgeführt, die belegen, dass Bewegung einen positiven Einfluss auf das Gehirn hat. Die Neuroplastizität (Fähigkeit des Gehirns seine Struktur zu verändern) des Gehirns macht es möglich, dass sich ganze Hirnareale verändern. [49]

6.3.1 Zerebrale Durchblutungsförderung

„Vergleichbar mit dem arbeitenden Muskel werden durch kognitive Aktivitäten wie Denken bzw. motorische Aktionen die jeweils aktivierten Gehirnareale vermehrt durchblutet und mit mehr Sauerstoff und

---

[47] vgl. Arcor, „Bewegung macht schlau"
URL: http://home.arcor.de/enderlein/basket/bewegungswissenschaft.html
[24.Jänner.2015]
[48] vgl. DSLV: Der Einfluss von Sport und Bewegung auf die zerebrale Leistungsfähigkeit.
URL: http://www.dslv-bayern.de/cms/front_content.php?idcat=7&idart=21
[8. November 2014]
[49] vgl. Lahmer, 2012, S. 40

Nährstoffen (vor allem Glukose) versorgt, um den erhöhten Stoffwechselbedürfnissen zu genügen."[50]

6.3.2 Verbesserung der Sinneswahrnehmung

Um Informationen aus der Umwelt zu erhalten braucht unser Körper verschieden Sinne. Aber die Sinne dienen nicht nur der Wahrnehmung, sondern sind auch an allen Lernprozessen beteiligt. Wird der Sehsinn verstärkt eingesetzt bewirkt dies eine Hypertrophie (Dickenzunahme) der Sehrinde, aber auch die spezifischen Sehfähigkeiten werden verbessert.[51]

6.3.3 Hypertrophie kortikaler Areale

Je nachdem wie die einzelnen Gehirnareale und Rindenfelder durch unterschiedliche sportliche Aktivitäten beansprucht werden, kommt es zu mehr allgemeinen bzw. lokalen zerebralen Anpassungen.

Durch ein weitreichendes Angebot an Schulsport, Pausenübungen und Sport im häuslichen Umfeld kommt es zu einer umfassenden Ausbildung zerebraler Strukturen.

Bei einer Hypertrophie kortikaler Areale kommt es zu einer vermehrten Dendritenaussprossung[52] (Dendriten sind die Informationsaufnehmer und Informationsverarbeiter der Gehirnzellen) und zur Bildung neuer synaptischer Verbindungen. Diese Prozesse laufen ein Leben lang ab und sind vor allem im Kindesalter besonders ausgeprägt. Durch diesen Drang werden vor allem die Lernbereitschaft in der motorischen Rinde, sowie eine Vernetzung der Neuronen erreicht.[53]

6.3.4 Bildung von Nervenzellen

Während bei der Synaptogenese eine Verbindung der Synapsen entsteht, werden bei der Neurogenese neue Nervenzellen gebildet. Das menschliche Gehirn besteht aus 100 Milliarden Nervenzellen, wobei jede einzelne

---

[50] vgl. DSLV: Der Einfluss von Sport und Bewegung auf die zerebrale Leistungsfähigkeit
[51] vgl. Clancy, 2008, S. 40 f.
[52] vgl. Hannaford 2008, S. 25 f.
[53] ebenda DSLV: Der Einfluss von Sport und Bewegung auf die zerebrale Leistungsfähigkeit

untereinander in Verbindung tritt. Dendriten sind die Informationsaufnehmer und Informationsverarbeiter einer Nervenzelle. Sobald wir denken, etwas wahrnehmen oder uns bewegen, werden die Nervenzellen in unserem Gehirn aktiviert und die Dendriten verzweigen sich untereinander, wobei an den Verbindungsstellen neue Synapsen gebildet werden. Durch Bewegung wird die Neubildung von Nervenzellen erheblich begünstigt.[54]

Mithilfe moderner Verfahren in der Hirnforschung konnte der Wissenschaftler Eriksson im Jahr 1998 die Neubildung von Nervenzellen im Gehirn feststellen.[55]

6.3.5 Vermehrung von Botenstoffen

Zusätzlich wirkt sich Bewegung positiv auf die Vermehrung von Botenstoffen(Transmittern) aus, die dazu beitragen Informationen von einer Nervenzelle zur anderen zu übertragen. Beim Sport werden viele Hormone freigesetzt wie zum Beispiel Serotonin und Dopamin. Diese Hormone sind aber auch Botenstoffe, die durch Bewegung eine erhöhte Konzentration im Körper haben und somit das menschliche Verhalten beeinflussen. Bei einer erhöhten Konzentration versucht der Körper diese Botenstoffe in vermehrter Aktivität wieder loszuwerden.

6.3.6 Steigerung von Nervenwachstumsstoffen

Durch Bewegung und Sport wird das Gehirn zerebral mehr durchblutet und somit werden Nervenwachstumsstoffe (so genannte Neurotropine) produziert. Diese Wachstumsstoffe unterstützen die Neuronenbildung.[56]

---

[54] vgl. Stelli, 2007, S. 33 ff.
[55]vgl. Hohmann Christina (2006): *Neurogenese. Sport lässt neue Gehirnzellen sprießen.*
URL: http://www.pharmazeutische-zeitung.de/index.php?id=1422
[3. November 2014]
[56] vgl. Axt- Gaderman, Axt, 2010, S. 47

6.3.7 Gesteigerte Eiweißsynthesekapazität

Durch Synthese von Proteinen werden synaptische Vernetzungsstrukturen, Neuronen, Neurotransmitter und Hormone gebildet.

Vor allem bei Kindern und Jugendlichen lässt sich aufgrund ihrer herausragenden Lernfähigkeit eine erhöhte Eiweißsynthese erklären. Diese Kapazitäten lassen sich auf verschiedene Faktoren wie die erhöhte Ausschüttung von Wachstumshormonen und die stimulierende Wirkung von Bewegung zurückführen. Durch die gesteigerte Proteinsyntheseleistungsfähigkeit wird es Kindern und Jugendlichen erleichtert ihr Gehirn an die jeweiligen leistungsspezifischen Bedingungen anzupassen.

„Zusammenfassend lässt sich feststellen, dass sich Bewegung und Sport in vieler Hinsicht positiv auf die zerebrale Leistungsfähigkeit, Lernfähigkeit und Konzentrationsfähigkeit auswirken. Zusätzlich leisten sie auch noch einen wesentlichen Beitrag zur Entspannung und Stimmungsaufhellung. Einem „bewegten Unterricht" in einer „bewegten Schule" sollte demnach in der Zukunft der Vorzug gegenüber dem traditionellen „Sitz-und-rühr-Dich-nicht-Unterricht" gegeben werden. Die Schüler werden es den Lehrern nicht nur mit besseren Noten, sondern auch einem positiveren Verhalten danken." [57]

---

[57] DSLV: Der Einfluss von Sport und Bewegung auf die zerebrale Leistungsfähigkeit

7 Schluss

7.1 Empfehlungen für Schulen und das Lernen

Wie in dieser Arbeit hoffentlich deutlich dargestellt wurde ist Bewegung und Sport ein wichtiger Faktor für eine erfolgreiche Schulkarriere. Bewegung und Sport ist vor allem für Kinder und Jugendliche ein wichtiger und notwendiger Ausgleich zum oft sehr monotonen Schulalltag. Deshalb täte es jeder Schule gut ihr Grundprinzip des Lernens noch einmal zu überdenken und kritisch zu hinterfragen, ob die SchülerInnen auch während des Unterrichts die Möglichkeit haben sich frei zu bewegen oder interaktive Übungen durchzuführen anstelle des reinen Sitzunterrichts. Vor allem im Volksschulalter sollte „Einschulung" nicht gleichzeitig „Einstuhlung" bedeuten. Kinder und Jugendliche sollten auch während des Unterrichts die Möglichkeit haben durch Lernspiele und Übungen etwas Neues zu erfahren.[58] Diese kleinen Veränderungen können den Schulalltag aufregender und erfahrungsreicher gestalten.

Aber auch für daheim gilt es Bewegung ins Lernen zu bringen. Stundenlanges Vokabellernen ist nicht nur zermürbend für das Kind, sondern erzielt langfristig viel weniger Effekt, als kürzere Lerneinheiten mit Pausen, die im Freien oder mit Gleichaltrigen beim Toben und Spielen verbracht werden.

Es müssen auch nicht immer die Freunde sein mit denen man spielt, genau so schön kann es für Kinder sein gemeinsam einen Spaziergang oder eine Radtour mit den Eltern zu unternehmen. Dabei wird das Gehirn wieder besser mit Sauerstoff versorgt und kann bei der nächsten Lerneinheit schneller und besser Leistungen erzielen. Kinder und Jugendliche brauchen Bewegung und Sport um auszuschalten und sich körperlich zu betätigen. Nicht die Leistung steht beim Sport im Vordergrund, sondern die Freude an der Bewegung.

---

[58] siehe Kapitel 4.2

7.2 Fazit

Wie wir in dieser Arbeit gelesen haben, ist Sport für den Menschen- speziell für Kinder- unerlässlich. Bewegung war von Urzeiten an ein wichtiges Grundbedürfnis des Menschen, leider hat sich dieses Bedürfnis mit der zunehmenden Modernisierung unserer Umwelt zurückgebildet und ist bei manchen Menschen nur mehr als Vokabel im Kopf präsent, jedoch nicht mehr im täglichen Alltagsleben. Diese negativen Entwicklungen machen auch vor unseren Kindern nicht halt und bewirken so, dass auch unsere Kinder träge und im schlimmsten Fall übergewichtig werden. Obwohl man dieser Entwicklung gemeinsam als Familie entgegenwirken könnte, sehen viele Eltern die Notwendigkeit von Bewegung und Sport für ihre Kinder nicht und so erzieht die Gesellschaft eine neue Generation der „Couchpotatoes".

Aber nicht nur die Eltern verfehlen ihre Vorbildrolle, sondern auch viele Schulen, indem sie Turnstunden durch andere Fächer wie Deutsch und Mathematik ersetzen. Keine Frage, dass diese Fächer wichtig für Kinder sind, aber Sport sollte genau so wichtig für sie sein, denn auch durch das Toben lernt das Kind.

„Bewegung ist nicht alles, aber alles ist nichts ohne Bewegung"

Dr. Jürgen Weineck

Literaturverzeichnis

1. Printmedien

Axt-Gadermann, Michaela/ Axt, Peter (2010): *Was Kinder schlau und glücklich macht!. Lernen erleichtern und Schulleistungen optimal fördern*.1. Aufl. von 2010. München: F.A. Herbig Verlagsbuchhandlung GmbH

Clancy, Mary Ellen (2008): *Besser lernen durch Bewegung*. 1. Aufl. von 2008. Mülheim an der Ruhr: Verlag an der Ruhr

Hannaford, Carla (2004): *Bewegung. Das Tor zum Lernen*. 6. verb. Aufl. von 2004. Kirschzarten bei Freiburg: VAK Verlags GmbH

Hollmann, Wildor/ Strüder, Heiko K (2009): *Sportmedizin: Grundlagen für körperliche Aktivität, Training und Präventivmedizin*. 5. Aufl., neu bearb. u. erw. Aufl. 2009 (Januar 2009). Stuttgart: Schattauer

Lahmer, Karl (2012): *Kernbereiche der Psychologie. Kompetent*. 1. Aufl. von 2012. Wien: Verlag E.DORNER GMbH

Nissen, Ursula (1998): *Kindheit, Geschlecht und Raum. Sozialtheoretische Zusammenhänge geschlechtsspezifischer Raumaneignung*. 1. Aufl. von 1998.
Weinheim, München: Juventa Verlag

Scherer, Hans-Georg(2003). *Erfahrung versus Mausklick?*. In Zimmer, Renate/ Hunger, Ina: *Wahrnehmen-Bewegen-Lernen. Kindheit in Bewegung*. 1.Aufl. Schorndorf: Hofmann Verlag

Stelli, Rita (2007): *Die Bedeutung von Bewegung und Sport im Lebensraum Schule. Begründungsversuche für den Ausbau schulischer Bewegungserziehung mit sozialpädagogischer Gestaltung.*1.Aufl. von 2007. Norderstedt: GRIN Verlag GmbH

Thiel, Ansgar; Teubert, Hilke; Kleindienst-Cachay, Christa (2002) In: Zeitschrift für Heilpädagogik (2002) 53, 8, S. 329-334

Zimmer, Renate (2004): *Toben macht schlau! Bewegung statt Verkopfung.* 4. Aufl. von 2004. Freiburg: Herder Verlag

2. Online zur Verfügung gestellte Quellen

Dr. Andreas Sandmayr: *Besorgniserregende Situation des motorischen Leistungsniveaus der österreichischen Schülerinnen und Schüler.* Salzburg. 2002. Als Download:
http://www.vdloe.at/wien/infos/studien/Klugundfit_Kurzfassung.pdf
[Zugriff: 11.10.2014]

Knobloch, Ina: *Effekte eines sportartspezifischen Trainings auf die motorische und kognitive Entwicklung in der späten Kindheit.* Heidelberg. 28.3.2012. Als Download: http://archiv.ub.uni-heidelberg.de/volltextserver/13226/1/Dissertation_publiziert.pdf
[Zugriff: 10.11.2014]

BgA: *"Gesundes Niederösterreich", NÖ Gesundheits- und Sozialfonds*
URL:http://www.noetutgut.at/content/projekte/schule/bewegte_klasse_grundstufe/k onzept.php
[Zugriff: 20.9.2014]

BSO: *Unterschriftenaktion „Tägliche Turnstunde"*
URL: http://www.bso.or.at/de/schwerpunkte/soziales-und-gesellschaftspolitik/unterschriftenaktion-taegliche-turnstunde/
[Zugriff: 17.10. 2014]

DSLV: *Der Einfluss von Sport und Bewegung auf die zerebrale Leistungsfähigkeit*
URL: http://www.dslv-bayern.de/cms/front_content.php?idcat=7&idart=21
[Zugriff: 19.10.2014]

Eichinger, David: *Idee. 30.10.2012*
URL: http://bewegteschule.at/praxis/portale/bewegte-schule/das-konzept/idee.html
[Zugriff: 19. Juli 2014]

Hohmann, Christina: *Neurogenese. Sport lässt neue Gehirnzellen sprießen.*
Eschborn. 2006. URL: http://www.pharmazeutische-zeitung.de/index.php?id=1422
[Zugriff: 3.11.2014]

Reiffenstein, Phillip: *Kinder gesund bewegen*
URL:http://www.kindergesundbewegen.at/main.asp?kat1=10&kat2=530&kat3=36
1
[Zugriff: 13.9.2014]

Salzburger Nachrichten: *Tägliche Turnstunde an Ganztagsschulen fix.*
24.4.2013.
URL:http://www.salzburg.com/nachrichten/oesterreich/politik/sn/artikel/tae
gliche- turnstunde-an-ganztagsschulen-fix-56326/
[Zugriff: 26.10.2014]

Reutterer, APA, *„Studie verdeutlicht positive Wirkung von Bewegung und Sport"*
URL: http://www.ots.at/presseaussendung/OTS_20120202_OTS0163/studie-
verdeutlicht-positive-wirkung-von-bewegung-und-sport
[Zugriff: 16.01.2015]

Active Life, *„Die Shepard-Studie"*
URL: http://www.active-life.at/index.php/active-learning/infos
[Zugriff: 24.01.2015]

Arcor- Das Internetportal, „*Bewegung macht schlau*"
URL: http://home.arcor.de/enderlein/basket/bewegungswissenschaft.html
[Zugriff: 24.01.15]

Beer/Nikl/Schwarz, Studie „BrainMove-bewege dich schlau"
URL:https://www.uniqa.at/uniqaat/cms/mediacms/media/files/at/Studie_BrainMov
e.pdf
[Zugriff: 16.01.2015]

3. Sonstige Formate

Interview mit dem Landesschulinspektor wurde durch schriftlichen Kontakt
von 05.07.14- 30.07.14 durchgeführt

Deutschland Heute- Das Deutschlandmagazin: *Sport im Gefängnis*: 2014
Als Download: http://www.dw.de/sport-im-gef%C3%A4ngnis/av-17898298
[Zugriff: 15.11.2014]

Darstellungsverzeichnis